"最美奋斗者"品德教育系列

草原上的流动"舞台"

苏尼特右旗乌兰牧骑红色文艺轻骑兵

陈婵娟 / 著　小幸福工作室 / 绘

海豚出版社
DOLPHIN BOOKS
CICG 中国国际传播集团

幸福源自奋斗

一个人的一生应当怎样度过?

也许这个问题对小朋友们来说还有点遥远，但是有很多人终其一生都在追寻这个问题的答案。小朋友们不妨现在就想想，这一辈子你要如何度过呢?

相信《“最美奋斗者”品德教育系列》能给小朋友们带来启发。

2019年，为隆重庆祝新中国成立七十周年，学习英雄事迹、弘扬奋斗精神、培育时代新人，中共中央宣传部等评选表彰了新中国成立以来涌现的英雄模范，授予他们“最美奋斗者”称号，并开展“最美奋斗者”学习宣传活动。

“最美奋斗者”这份沉甸甸的名单，涵盖各个历史时期在各地区、各行业、各领域中脱颖而出的先进模范，既有黄继光、邱少云、王进喜、雷锋、焦裕禄、孔繁森这些耳熟能详的名字，也有钟南山、袁隆平、黄大年、南仁东、李保国等新时代的楷模。

他们是不懈的奋斗者、开拓者，是幸福生活的创造者、守护者。他们用智慧和汗水，甚至用鲜血和生命，为国家富强、民族振兴、人民幸福书写了可歌可泣的壮丽篇章，在平凡的岗位上作出了不平凡的业绩。他们是国家的脊梁、民族的英雄、时代的楷模，值得我们永远铭记。

幸福都是奋斗出来的，只有奋斗的人生才称得上是幸福的人生。希望通过这套图书，小朋友们能感受到英雄们那种昂扬向上的奋斗精神，树立正确的世界观、人生观、价值观，在“最美奋斗者”的陪伴下扣好人生的第一粒扣子！

《“最美奋斗者”品德教育系列》编委会

2021年3月

扫码听故事

品德故事

楷模故事

读书笔记

交流园地

小朋友，你见过草原吗？一望无垠的草色和蓝天白云相接，马头琴和胡笳的悠扬乐声在风中飘荡，让人觉得更加空旷苍茫。

这里是苏尼特草原。这里的牧民勤劳善良，但这里偏远闭塞。幸好，后来他们有了乌兰牧骑。

乌兰牧骑是谁？它是一个文艺团队的名字。“乌兰牧骑”在蒙古语里的意思是“红色的嫩芽”。这支文艺团队活跃在草原农舍和蒙古包之间，朝气蓬勃，机动灵活，为遥远偏僻的草原带来了欢声笑语。

不过，这支队伍一开始的规模简直是“可怜巴巴”，只有九名队员，外加两辆勒勒车和四件乐器。

小贴士：

【勒勒车】是蒙古族牧民使用的传统交通运输工具，适宜在草地、雪地、沼泽和沙漠地带运行，有“草原列车”之称。牧民们拉水、搬家、运输生活用品等都离不开它。

但队员们可厉害了，吹拉弹唱样样都会，唱歌的人也能弹琴，放下马头琴又能顶着碗跳舞。

乌兰牧骑唱着草原上的情歌，演着蒙古包里的故事，让人如痴如醉。如果乡亲们在一个月前知道了乌兰牧骑要来的消息，他们就会在这一个月里天天等，夜夜盼。

大家到各地去演出，一路上的困难难以想象，风吹、日晒、雨淋都是家常便饭。

有一次，乌兰牧骑乘着马车去演出，途经沙漠，车轮卡在黄沙里动不了，为了不辜负牧民们的期待，大家迎着黄沙，顶着骄阳，一步步赶往演出地。

突然，清脆的驼铃声传来，看清前方的人后，乌兰牧骑振奋起来，欢呼道：“乡亲们来接我们了！”

牧民们把疲惫的队员们带到演出地，热情地给他们端来热气腾腾的食物，对他们嘘寒问暖。

队员们大口吃着香酥的煎饼，喝着雪白的羊奶，笑呵呵地说：“不累！受到这种款待，咱们来得值！”

吃饱喝足后，乌兰牧骑表演起来格外卖力。人们目不转睛地看着节目，时而啧啧赞叹，时而哈哈大笑。

表演结束了，孩子们依依不舍地扯着队员的衣袖问：“叔叔，你们还会来吗？”画着“老虎脸”的叔叔摸着小朋友的头，笑呵呵地说：“会经常来的，搞不好要把你们的奶酪都吃光了。”

还有的小孩摸着乐器，羡慕地说：“我也想跟你们一样，给大家表演节目。”大胡子队长哈哈笑道：“不错，人小志气大！想学啥？叔叔现在就教你。”

乌兰牧骑的“舞台”在苏尼特草原上流动着，多才多艺的队员们就像天上的鸟儿一样飞向四面八方，飞到坡地上、水井旁、蒙古包里，每到一个地方，都会引来人们的欢呼。

蓝蓝的天幕下，嘹亮的歌声直上云间，围观的人们忍不住跟着哼唱，小婴儿也跟着“呀呀”地叫。

篝火旁，穿着彩袍的舞者翩翩起舞，人们挨挨挤挤地围成一个大圈，亲亲热热地挽着胳膊一起跳。

临时搭成的舞台上，演员们正在表演杂技，踩高跷的、顶碗的、喷火的，引得坐在爸爸肩头的娃娃拍着手大叫。

乌兰牧骑还带来了外头的“新鲜事物”，让从没走出过草原的人们见到了“大世面”。

看，穿藏袍的大叔和穿夹克的小伙子在斗舞；拉马头琴的大爷和拉小提琴的姑娘在表演“二重唱”；半人高的小孩都有模有样地学起了变魔术、跳街舞，热闹得不得了。

乌兰牧骑不仅是能歌善舞的文艺兵团，还是牧民生活中的好帮手。

在演出之余，队员们会帮乡亲们打井、挖渠、筑路，让他们的生活更加便利。

扫码听故事
品德故事
楷模故事
读书笔记
交流园地

很多老百姓的电器用了没几年就坏了，他们不会修，是队员们爬高踩低、钉拧敲砸修好的。

牧民们靠养牛羊为生，队员们经常帮忙剪羊毛，接生小羊羔。

队员们还会为老百姓剪新潮发型。几剪刀下去，老大叔就要年轻好几岁；铁棍在火上烤一烤，就是顶呱呱的“烫发棒”。

如今，六十多年过去了，乌兰牧骑的队员换了一茬儿又一茬儿，但乌兰牧骑依旧像一个年轻的小伙，像永不熄灭的火焰，闪耀跃动在广袤的草原。你瞧，小朋友也加入了乌兰牧骑的队伍。

2017年，苏尼特右旗少儿合唱团成立了，有四十多人呢，绝大多数是来自牧区的小朋友。他们还参加了第十四届中国国际合唱节，赢得了无数热烈的掌声。

已经退休的老队员经常会去辅导小队员们，从来不畏严寒酷暑。慈祥的老人看着可爱的孩子们，笑意藏也藏不住。

“我们是世界的未来／我们热爱美好的生活／言语不同／天南地北／我们有共同心愿……”小乌兰牧骑的歌声清澈明亮，响彻在那无边无际的草原上。